TEMPÉRANCE

MÉDAILLE DE 1re CLASSE DÉCERNÉE A Mme P. BOULANGER

RÉPERTOIRE
DES RÈGLES FONDAMENTALES
DES PARTICIPES FRANÇAIS

PAR Mme P. BOULANGER
PROFESSEUR LIBRE

Troisième Édition

BROCHURE COURONNÉE
PAR LA SOCIÉTÉ FRANÇAISE CONTRE L'ABUS DES BOISSONS ALCOOLIQUES
LA TEMPÉRANCE
QUI EN A PUBLIÉ A SES FRAIS LA 1re ÉDITION

Prix : 30 centimes.

Tout exemplaire devra porter la signature de l'auteur.

P. BOULANGER.

EN VENTE :

Au cabinet littéraire, place de la Sorbonne, 3

ET DANS LES LIBRAIRIES

La Société Française de Tempérance fait appel à toutes les personnes pénétrées de l'amour du bien public et leur demande de s'associer à ses efforts.

ART. 2 DES STATUTS.

La Société se propose de provoquer la fondation de cercles de travailleurs où les Membres trouveraient d'honnêtes et utiles distractions, etc.

SECRÉTARIAT GÉNÉRAL DE LA SOCIÉTÉ DE TEMPÉRANCE.

6, rue de l'Université, à Paris.

Ce petit livre de lecture, qui peut rappeler certaines règles de grammaire, est distribué avec fruit par MM. les Membres des Sociétés philanthropiques, les chefs d'armée, d'institutions, d'usines, et par toute personne désireuse de s'associer aux efforts pour le bien public.

LA TEMPÉRANCE

En France, dès qu'une souffrance se montre, mille mains généreuses se tendent pour la soulager ; mais soulager n'est ni guérir le mal, ni en prévenir le retour. Les misères reparaissent sans cesse, malgré le dévouement de la bienfaisance, comme l'ivraie coupée à fleur de terre.

Des hommes éminents par leurs talents et leur caractère, préoccupés de l'avenir de leur pays, se sont assemblés. Ils cherchent à porter les secours au delà des actes de la charité. Semblables au bon laboureur qui fouille son champ pour en extirper les racines pernicieuses, ces colons du fonds social où germent le bonheur ou le malheur des hommes, veulent relever la morale publique.

C'est attaquer tout mal dans sa racine et le détruire, puisque les lois de la solidarité humaine enchaînent les unes aux autres toutes les influences délétères.

La misère, la souffrance sont souvent les suites de l'inconduite. Mais l'inconduite ne vient-elle pas toujours, soit d'une mauvaise éducation, soit de l'exemple du relâchement des mœurs, soit de l'oubli de Dieu?

Voilà les trois germes de misère que la Charité, cette tendre sœur du malheureux, doit aussi chercher et détruire. C'est doubler sa mission divine; car donner du pain au pauvre, c'est bien; mais lui donner le mérite de le gagner, c'est mieux.

Des Sociétés tendant à ce but se forment de tous côtés. L'une d'elles, la Tempérance, Société française contre l'abus des boissons alcooliques, demande le concours de chacun de nous, pères, mères, maîtres, amis du bien, dans la mesure de nos moyens. Il s'agit de préserver nos enfants du hideux vice qu'on nomme l'Ivrognerie!

Que personne ne s'offense du mot vice en parlant de nos enfants, auxquels nous n'en reconnaissons aucun. N'oublions pas que le vice, comme un grand arbre sorti d'une toute petite graine et devenu fort contre les éléments, peut naître d'un seul choc de l'âme par quelque dangereuse impression! Unissons-nous pour en combattre les causes.

Les efforts, infructueux même, seront honorables et méritoires.

P. B.

PRÉFACE

La Tempérance, Société française contre l'abus des boissons alcooliques, a demandé des traits courts et saisissants propres à frapper l'esprit et à le prémunir contre le danger de l'*Ivrognerie*. L'auteur de ce petit recueil a pensé qu'il ne serait pas sans fruit de réunir les exemples des maux qu'elle a causés autour de nous, et de feuilleter les ouvrages, tant anciens que modernes, pour y chercher les anecdotes que nos ancêtres et nos contemporains y ont inscrites, avec leur opinion sur les excès de la boisson. Il a commencé à le faire. Il apporte, non sans hésitation, le résultat de ses premières recherches, *sous la double forme de lectures morales et de Répertoire mnémonique des règles FONDAMENTALES des participes français.*

Ce qui l'a décidé à donner un deuxième but d'utilité à son petit livre, c'est la pensée qu'une

fois lu, s'il a cet honneur, il eût été mis de
côté ; tandis que sous la raison grammaticale,
il se créera peut-être une place et rappellera
encore le danger de la boisson. Mais la réunion
des deux idées a présenté une réelle difficulté.
Une page didactique n'a guère la forme vive
et constante du récit. Elle se compose le plus
souvent de phrases incohérentes, où les règles à
enseigner s'amoncellent. Il fallait ménager les
deux formes. Ne sembleront-elles pas outragées
toutes les deux ? Que la bonne intention de l'auteur lui vaille l'indulgence !

Afin d'éviter l'accumulation des participes qui
font l'objet de chaque §, il n'a donné que quelques exemples de la règle présentée, puis il a
admis tous les participes qui se sont pressés
sous sa plume, mais en ayant soin de marquer
chacun d'eux d'un n° et d'une lettre qui con-
duisent au § et à la règle précise auxquels il
se rattache.

C'est pourquoi ce petit livre se nomme
Répertoire.

On peut facilement, à l'aide de ce Répertoire,
trouver non-seulement la règle oubliée dont
on a besoin, mais encore de nombreuses appli-
cations de cette règle, portant le même n° et
la même lettre tout le long du livre.

Le répertoire ne suppose l'usage d'aucune grammaire en particulier. Il s'adapte à toutes, surtout aux meilleures, dont il s'est inspiré.

Ne voulant pas restreindre son point de vue à telle ou telle grammaire, il a évité les particularités sur lesquelles les grammairiens sont souvent en désaccord, et s'en est tenu aux règles fondamentales d'usage journalier.

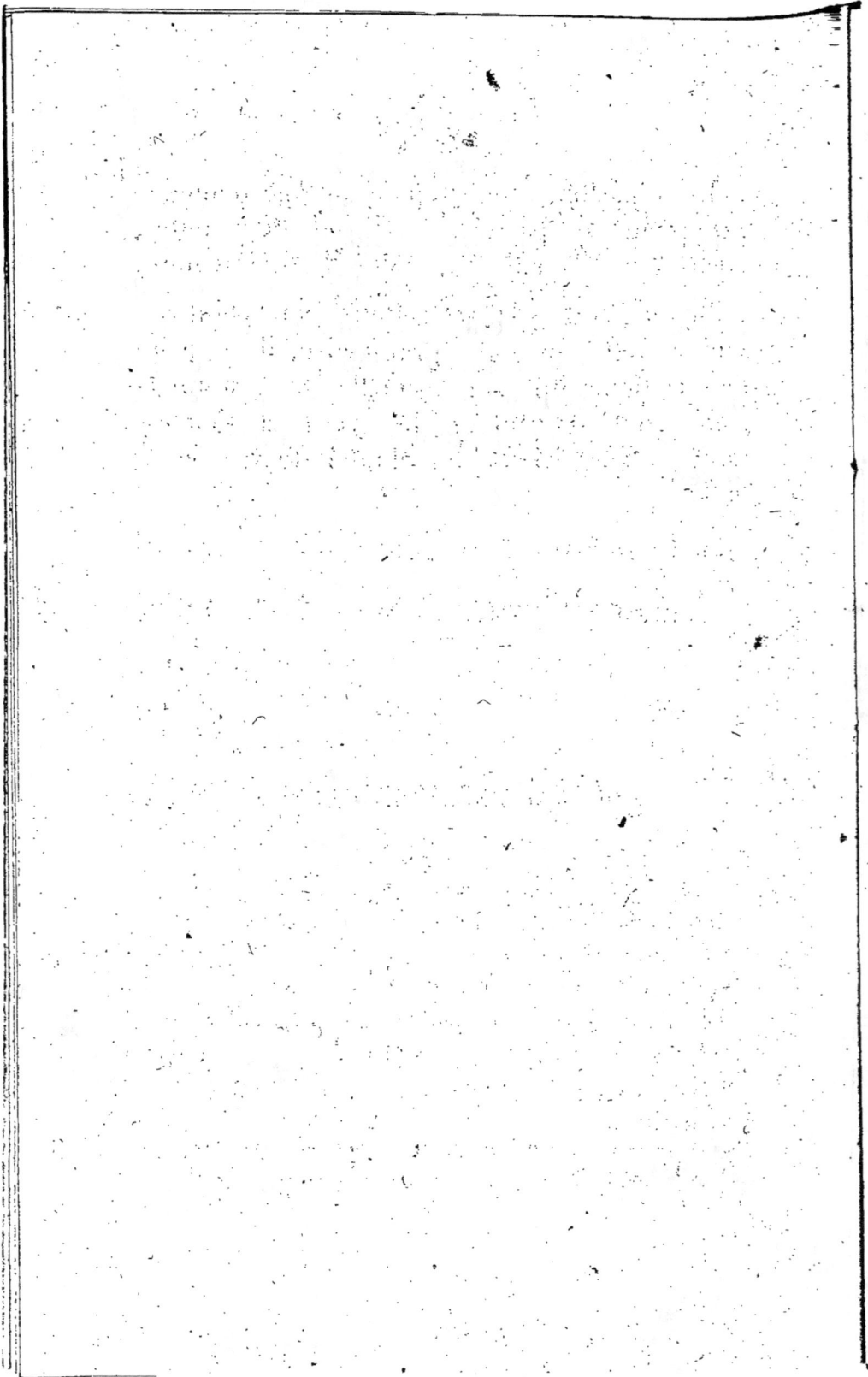

TEMPÉRANCE

RÉPERTOIRE

DES

RÈGLES FONDAMENTALES DES PARTICIPES FRANÇAIS

DÉDIÉ A L'ASSOCIATION FRANÇAISE CONTRE L'ABUS

DES BOISSONS ALCOOLIQUES

DU PARTICIPE EN GÉNÉRAL

§ 1. — RÈGLES.

Le participe (1) est un véritable adjectif venant d'un verbe, dont il garde quelques attributions.

Comme verbe, il marque l'action, le temps et peut avoir un complément direct.

Comme adjectif, il marque la manière d'être et suit les règles de l'adjectif, c'est-à-dire qu'il est susceptible d'accord avec le nom auquel il se rapporte.

---

(1) De *pars*, part; *capere*, prendre, avoir part, participer.

Le participe est ou présent ou passé.

a Le participe présent est toujours terminé en *ant*. — *Aimant*.

e Le participe passé se termine le plus souvent par *é, i, u*; quelquefois par *s, t : chanté, puni, vu, mis, dit*.

MANIÈRE DE SE SERVIR DU RÉPERTOIRE

Note. — Les personnes qui, après la lecture des anecdotes choisies, contenues dans ce petit livre, chercheront le deuxième but d'utilité qu'il se propose, c'est-à-dire l'exercice grammatical, se rappellent sans doute le sens des mots : *nom, adjectif, verbe, préposition; proposition, sujet, complément*. Si la mémoire faisait défaut, il faudrait se renseigner dans n'importe quelle grammaire ou auprès d'une personne instruite.

Quand on écrit sous la dictée, on doit souligner chaque *participe*, dire de quel verbe il vient, pourquoi il se nomme participe, et en donner la règle si on l'a déjà vue. Quand on travaille seul (et c'est dans ce cas-là que le Répertoire trouve son véritable usage), on se doit le même compte. Dès qu'on est embarrassé, il faut se reporter au § indiqué par le n° qui suit le participe; la *lettre* désigne la règle précise à laquelle se rattache ce participe.

Les trois premières dictées sont consacrées, sous le nom d'*exercice préliminaire*, à la distinction simple des participes en *participes présents* ou *participes passés*. C'est toujours au masculin singulier qu'il faut les considérer.

EXERCICE PRÉLIMINAIRE SUR LA DISTINCTION DES PARTICIPES

Le Charretier.

Un charretier *conduisant* (¹ ª) sur le quai de Grenelle une voiture *chargée* (¹ ᶜ) de charbon, s'était *arrêté* (¹ ᵉ) depuis quelques instants chez un marchand de vin; il vit approcher un gardien de la paix. *Craignant* (¹ ª) un procès-verbal pour avoir *abandonné* (¹ ᵉ) sur la voie publique, sa voiture qui avait *été* (¹ ᵉ) *emmenée* (¹ ᵉ) plus loin par le cheval, il courut et remonta à la hâte sur son siége. Sa station n'avait sans doute pas *été* (¹ ᵉ) la première, car en *quittant* (¹ ª) le comptoir du cabaret, il semblait plus *ému* (¹ ᵉ) que ne le comportait le temps qu'il y avait *passé* (¹ ᵉ). Dans son rapide mouvement mal *affermi* (¹ ᵉ), il glissa et tomba sous une des roues qui lui broya la tête. La mort a *été* (¹ ᵉ) instantanée.

Le malheureux a *payé* (¹ ᵉ) cher le verre de vin ou d'eau-de-vie qu'il a *bu* (¹ ᵉ).

Pauvre Rolland!

Un ouvrier *nommé* (¹ ᵉ) Roland s'était *présenté* (¹ ᵉ) dans une fabrique de plâtre pour demander de l'ouvrage. On lui avait *promis* (¹ ᵉ) de l'employer. Le succès de sa démarche lui avait *fait* (¹ ᵉ) d'autant plus de plaisir, qu'il chômait depuis plusieurs mois et se trouvait *réduit* (¹ ᵉ) à une grande misère. Malgré son dénûment, il voulut fêter sa bonne chance. Il invita donc un ami à venir au cabaret, escompter avec lui le profit d'une place qui n'était encore qu'une espérance pour le lendemain.

Quand les deux compagnons sortirent le soir, leurs jambes s'étaient *ressenties* (¹ᵉ) des rasades *versées* (¹ᵉ). Roland se dirigea vers sa demeure, *située* (¹ᵉ) dans un village assez *éloigné* (¹ᵉ). Il n'allait pas vite, *alourdi* (¹ᵉ) qu'il était par l'ivresse. La nuit *venue* (¹ᵉ), il n'était encore qu'à moitié chemin et n'en pouvait déjà plus. Sur sa route, se trouvait un four à chaux. Roland, incapable de comprendre le danger auquel il va s'exposer, n'a pas plutôt *aperçu* (¹ᵉ) la lueur qui lui promet chaleur et abri, qu'il a déjà *résolu* (¹ᵉ) de passer la nuit *blotti* (¹ᵉ) sous le toit du four. Il est bientôt *installé* (¹ᵉ) et *endormi* (¹ᵉ) le plus près possible du bord. Dans son sommeil, il s'agita et, *glissant* (¹ᵃ) tout à coup, il tomba d'une hauteur de quinze pieds; le fourneau était *allumé* (¹ᵉ)!

Le lendemain seulement, le cadavre du pauvre homme fut *retrouvé* (¹ᵉ) à demi *calciné* (¹ᵉ). La tête seule ne portait pas de traces de brûlures. Elle avait *gardé* (¹ᵉ), *persistant* (¹ᵃ) même après la mort, une expression *effrayante* (¹ᵃ) de souffrance. Le corps fut *transporté* (¹ᵉ) à la Morgue.

Que n'est-il *rentré* (¹ᵉ) chez lui *portant* (¹ᵃ) la bonne nouvelle à sa femme et à ses enfants! Ils se seraient *réjouis* (¹ᵉ) ensemble. Le père ne serait pas *mort* (¹ᵉ) dans une horrible torture, les petits enfants ne resteraient pas *privés* (¹ᵉ) de leur soutien.

Combien de malheurs sont *causés* (¹ᵉ) par l'intempérance! Si l'on pense que des accidents tels que celui qu'on vient de lire sont des exceptions, je dirai qu'en *admettant* ([1 a]) qu'il en soit ainsi, on ne peut nier les désastreux effets de l'intempérance sur la santé. Un roi de Perse avait *envoyé* ([1 e]), dit-on, au calife Mustapha, un habile médecin. Celui-ci, en *arrivant* ([1 a]), demanda comment la vie était réglée ([1 e]) à cette cour : « On ne mange, lui répondit-on, que lorsque la faim s'est *fait* ([1 e]) sentir; on ne boit que lorsqu'on est *altéré* ([1 e]); et encore on ne satisfait complétement ni la faim, ni la soif. — Je me retire, dit-il, je n'ai que faire ici. »

ACCORD DES PARTICIPES.

PARTICIPE PRÉSENT

§ 2. — RÈGLES.

La terminaison *ant* annonce ordinairement ou un verbe au participe présent, ou un adjectif tiré du même verbe : *Enfant aimant son père.* — *Enfant aimant.*

On n'aperçoit pas toujours à première vue dans quelle catégorie il faut ranger le mot en *ant*. Une attention particulière peut seule aider à décider. On peut dire que :

a Si le déterminatif en *ant* a le sens actif (1), il est verbe et non susceptible d'accord. Lorsqu'il est

(1) De *ago*, j'agis, je fais. C'est-à-dire si le nom auquel il se rapporte représente une personne qui agit.

accompagné de *en*, de *ne*, d'un *complément direct*, il est sûrement verbe. Ex. :

Les hommes s'instruisent en *travaillant*.

Les hommes ne *remplissant* pas leurs devoirs se déshonorent.

Les buveurs, *épuisant* leurs forces dans les excès, meurent jeunes.

e Si le déterminatif en *ant* exprime la manière (1) d'être, il est adjectif et s'accorde avec le nom auquel il se rapporte. Quand le verbe *être* est exprimé ou sous-entendu à côté de lui, il est sûrement adjectif et s'accorde. Ex. :

Les enfants sont *aimants*.

Les enfants *aimants*.

i Si le déterminatif en *ant* vient d'un verbe intransitif et a un complément indirect ou même est seul, il est verbe ou adjectif, selon qu'il a le sens actif ou non. Ex. :

Verbe. — On voit la sueur *ruisselant* sur son visage.

Adjectif. — Des visages *ruisselants* de sueur.

o *Ayant* et *étant* sont toujours invariables.

Le Maure et le Gascon.

Il y avait chez un seigneur anglais un Maure qui passait pour le premier nageur du monde. La peau seule de cet homme-poisson aimait le contact de

(1) Si la personn ou la chose dont il est question est dans un état permanent, stable dans la situation prise.

l'eau, pour laquelle son gosier avait *conçu* ([5 o]) la plus profonde antipathie. Ce gosier, toujours à sec, ne supportait que le vin et les liqueurs *enivrantes* ([2 e]). A force de le satisfaire, le Maure était *devenu* ([4 e]) faible d'esprit, comme c'est l'ordinaire des buveurs *acharnés* ([4 a]). On va voir ce que lui a *valu* ([5 e]) sa faiblesse d'esprit.

Chez un autre lord se trouvait un Gascon ne *sachant* ([2 a]) pas même nager, mais *n'hésitant* ([2 i v]) jamais à vanter son habileté, sa supériorité même dans tous les exercices. Les deux seigneurs, *confiants* ([2 e]) dans les moyens de leurs gens, parièrent mille guinées en faveur de celui qui, *nageant* ([2 i v]) le mieux et le plus longtemps, lasserait l'autre. Le jour *étant* ([2 o]) *pris*, ([4 e]) le Gascon se rendit avec le Maure sur le bord de la Tamise, tous deux dans un équipage leste, prêts à se jeter à l'eau.

Le Gascon avait à côté de lui une petite cassette de liége. Il la prit sous son bras. Le Maure lui *demandant* ([2 a]) l'usage qu'il voulait en faire : « Sandis, dit-il, je suis homme de précaution. » *Ouvrant* ([2 a]) alors la caisse qui contenait plusieurs bouteilles de vin et force salé : « Vous voyez cela, poursuivit-il, si vous ne faites pas de provisions comme moi, vous courrez grand risque de mourir de faim. Savez-vous bien que je vous mène tout droit à Gibraltar ? » Le Maure le regarde. Le Gascon *parlant* ([2 i v]) d'un ton résolu et *semblant* ([2 i v]) promettre plus qu'il ne disait, l'autre fut tellement *épouvanté* ([4 e]) que, se *tour-*

nant ([2 a]) vers son maître, il dit : « Milord, je ne veux point me commettre avec cet homme-là, il me perdrait, je lui cède la victoire.*» En vain voulut-on lui ôter cette idée en lui *faisant* ([2 a]) comprendre que le Gascon s'était *joué* ([6 i]) de lui : les prières, les menaces furent inutiles, et le Gascon gagna les mille guinées.

Mieux vaut manger que boire.

On vient d'enterrer un homme étrange, un homme qui avait *pris* ([5 o]) l'habitude de ne pas manger.

Monjean, *employé* ([4 a]) chez un écrivain public, et *gagnant* ([2 a]) 1 fr. 50 c. par jour, lorsqu'il travaillait, était d'autant moins *comblé* ([4 e]) des faveurs de la fortune, qu'il chômait souvent. Il avait de plus *contracté* ([5 o]) l'habitude de l'absinthe. La liqueur verte et perfide avait pour lui des charmes attrayants et irrésistibles. Son budget, à défaut de la raison, aurait *dû* ([7 a]) détourner Monjean de cette fatale passion; mais il n'était *retenu* ([4 e]) par rien. Ne *respectant* ([2 a]) ni sa dignité ni sa santé, il n'avait qu'une idée, l'absinthe. Pour s'en procurer, il avait *commencé* ([5 o]) par économiser sur son dîner; bientôt, *supprimant* ([2 a]) tout à fait ce repas, il le remplaça par sa boisson favorite. Il en était *arrivé* ([4 e]) à rester quelquefois deux jours sans prendre même une bouchée de pain, et à vivre presque d'absinthe.

Ce malheureux *descendant* ([2 i v]) peu à peu à l'état de momie, tomba dans une misère dont il ne songeait même plus à se tirer. Il exhala son dernier souffle dans un garni où personne ne vint soulager son agonie. Ne s'était-il pas le premier *abandonné* (⁶ᵃ) lui-même ? Monjean avait cinquante-neuf ans. Il avait *été* (⁸ʸ) officier d'artillerie.

L'Eau après le Vin.

Un capucin à pied faisait les missions avec autant de succès que de désintéressement. En *arrivant* (²ⁱᵛ) un jour auprès d'un ruisseau, il rencontra sur le bord un paysan dont la face *flamboyante* (²ⁱᵃᵈʲ) indiquait un adepte de Bacchus *venant* (²ⁱᵛ) de fêter ce dieu. Le paysan, ne *jugeant* (²ᵃ) pas le capucin *doué* (⁴ᵃ) de beaucoup d'esprit en le *voyant* (²ᵃ) si mal *vêtu,* (⁴ᵃ) voulut le traiter comme un âne. Il eut l'effronterie de lui demander qu'il le portât sur son dos à l'autre bord. Le capucin, ne se *méprenant* (²ᵃ) pas sur l'intention moqueuse et *outrageante* (²ᵉ) de cet homme *aviné* (⁴ᵃ), mais *dissimulant* (²ᵃ) son indignation, lui répondit en *souriant* (²ⁱᵛ) qu'il le porterait volontiers. Alors il le chargea sur ses épaules, et commença à traverser l'eau. Lorsqu'il eut *fait* (⁵ᵒ) quelques pas, *s'arrêtant* (²ᵃ) brusquement, il demanda au paysan s'il avait de l'argent sur lui. Celui-ci, *croyant* (²ᵃ) que le capucin parlait par intérêt, *touché* (⁴ᵃ) d'ailleurs de sa complaisance, lui répondit que oui, et qu'il le payerait bien.

Aussitôt le capucin : « Ah ! mon ami, que ne me préveniez-vous, lui dit-il en le *jetant* (²ᵃ) dans l'eau ; notre règle nous défend de porter de l'argent sur nous; » et il continua paisiblement sa route, *laissant*[2a] l'ivrogne barboter seul et se relever comme il pourrait. Notre insolent eut de la peine à retrouver son équilibre. Mais la fraîcheur de l'eau le *dégrisant*[2a], il comprit qu'il avait *été*[8y] *traité*[4e] selon l'inconvenance qu'il n'aurait certainement pas *commise*[5e] de sang-froid.

L'histoire ne dit pas si la leçon lui a *profité*[8a], si elle a *fait*[5o] sur son esprit une impression *persistante*[2i adj]. Nous ne savons s'il a *compris*[5o] combien l'habitude de la boisson est *déshonorante*[2e], puisqu'elle prive l'homme du don le plus magnifique de Dieu : la raison, qui le distingue de la bête.

Nous pouvons tirer cette morale de ce qui lui est *arrivé*[4e] :

C'est en *s'observant*[2a] sans cesse, surtout en *évitant*[2a] les excès de la boisson, qu'un homme se sauvegarde du danger des actions inconscientes, dont les conséquences sont parfois si terribles.

Maçon et Jardinier.

Louis XIV se *promenant*[2a] un jour dans les jardins de Versailles, entre Mansart et Le Nôtre, et *regardant*[2a] tantôt la façade du château, tantôt la disposition du grand parterre : « Il faut en convenir, leur dit-il, on ne saurait, en *parcourant*[2a] toute l'Europe, trouver rien de plus beau que ce que vous avez *fait*[5e]. Tout cela est d'une beauté *saisissante*[2e]. » Mansart, naturellement fier, et se *réjouissant*[2a] en lui-même de sa faveur, goûtait la douceur d'une pareille approbation ; lorsque Le Nôtre, *répondant* (²ª) avec autant d'esprit que de modestie : « Il y a, Sire, une chose plus *saisissante* (²ᶜ) encore. — Plus *saisissante* (²ᶜ)! dit le roi *surpris* (⁴ª). — Oui, Sire, c'est de voir le plus grand roi du monde *s'entretenant* (²ª) avec tant de bonté avec son maçon et son jardinier. »

Un tel maçon et un tel jardinier étaient bien *faits* (⁴ᶜ) pour s'attirer les bonnes grâces d'un tel prince. Le grand roi, en les *honorant* (²ª) de sa familiarité, leur montrait que les efforts de l'intelligence ouvrent toutes les portes.

Est-ce en se *livrant* (²ª) à une vie de plaisirs *dégradants* (²ᶜ) qu'ils se sont *élevés* (⁶ª) dans l'estime de Louis XIV?

PARTICIPE PRÉSENT

DIFFÉRANT D'ORTHOGRAPHE SELON QU'IL A LE SENS ACTIF OU PASSIF.

§ 3. — RÈGLES PARTICULIÈRES.

a Le participe des verbes en *quer* — *guer* comme *fabriquer*, *fatiguer*, garde *qu*, *gu*, quand il a le sens actif. Mais les adjectifs et les noms qui en dérivent changent *qu* (1) en *c* — *gu* en *g* :

Participe : *fabriquant*, *fatiguant*.
Adjectif : *fatigant*.

---

(1) Voici les exceptions : attaquable, critiquable, immanquable, remarquable, risquable, choquant, croquant, marquant.

Noms : *fabricant, fabrication (fatigue* reprend l'*u*).

e D'autres dans les mêmes cas changent la terminaison *ant* en *ent* :

Participes	Noms ou adjectifs	
Adhérant	Adhérent	adj. et nom.
Affluant	Affluent	id. et nom.
Compétant	Compétent	id.
Différant	Différent	id.
Excellant	Excellent	id.
Expédiant	Expédient	id. et nom.
Négligeant	Négligent	id.
Précédant	Précédent	id. et nom.
Présidant	Président	n.
Résidant	Résident	n.
Violant	Violent	adj.
Équivalant	Equivalent	adj. et nom.
Divergeant	Divergent	adj.
Coïncidant	Coïncident	id.

SENTENCES.

N'est-ce pas en *extravaguant* (3a) sans cesse dans ses actions qu'on passe à juste titre pour un *extravagant* (3a) ; comme c'est en *fabriquant* (3a) les produits de son industrie qu'un *fabricant* (3a) s'acquiert de la réputation.

C'est en *excellant* (3c) dans sa partie, en n'*employant* (2a) que d'*excellentes* (3c) fournitures, qu'un ouvrier retient et augmente sa clientèle. Si, à ces deux grandes raisons de succès, il joint une bonne conduite, il est sûr de son avenir.

En *différant* (³ᶜ) de manière d'agir avec les gens *corrompus*, (⁴ᵃ) on se montre *différent* (³ᶜ) d'eux.

Je ne sais si parmi les gens misérablement *adonnés* (⁴ᵃ) à la boisson, on trouverait quelques personnes *adhérant* (³ᶜ) à l'honneur; mais je sais que l'honneur a bien des *adhérents* (³ᶜ) parmi les hommes sobres.

Un homme sensé dans la société de fous, *différant* (³ᶜ) d'eux par ses idées et ses habitudes, s'aperçoit bientôt qu'il les gêne, par ses manières *différentes* (³ᶜ) des leurs.

***

PARTICIPE PASSÉ.

Le participe passé s'emploie :
Soit seul,
Soit avec l'auxiliaire *être*,
Soit avec l'auxiliaire *avoir*.

***

PARTICIPE PASSÉ SEUL

OU AVEC L'AUXILIAIRE ÊTRE

§ 4. — RÈGLES.

a Le participe passé, employé seul, s'accorde en genre et en nombre avec le mot auquel il se rapporte (1).

---

(1) Les participes : attendu, concernant, durant, excepté, passé, suivant, supposé, touchant, vu, y compris, non compris, ci-joint, ci-inclus *devant un nom*, font office de prépositions et ne s'accordent pas; *après le nom*, ils peuvent s'accorder.

e Ce participe, accompagné de l'auxiliaire *être*, suit la même règle que s'il était seul.

11ᵉ DICTÉE.

UTILITÉ DES CAISSES D'ÉPARGNE.

Une caisse d'épargne est un établisssement qui reçoit les petites économies et les rend, à la volonté des *déposants* (² ᵉ), avec les intérêts *accumulés* (⁴ ᵃ).

La pauvreté, la misère, la détresse sont *prévenues* (⁴ ᵉ) par les caisses d'épargne. L'énergie est *soutenue*, (⁴ ᶜ) le goût du travail et des bonnes mœurs est *inspiré*, (⁴ ᵉ) la fainéantise *repoussée*, (⁴ ᵃ) les mauvaises mœurs *détournées* (⁴ ᵃ) par ces *excellentes* (³ ᵉ) institutions.

Elles sont d'une grande utilité pour les hommes actifs, prudents, *rangés* (⁴ ᵃ) et vigilants, qui peuvent y placer une partie de l'argent qu'ils ont *gagné* (⁵ ᵉ), et le retrouver selon leurs besoins, avec l'intérêt *produit* (⁴ ᵃ).

Quarante centimes *épargnés* (⁴ ᵃ) chaque jour et *déposés* (⁴ ᵃ) à la caisse d'épargne produisent, au bout de trente ans, 10,000 francs.

Le Philosophe et Polémon.

Polémon, jeune Athénien, *perdu* (⁴ ᵃ) dans le luxe et les plaisirs, *adonné* (⁴ ᵃ) à l'intempérance, n'était, par une suite nécessaire, *occupé* (⁴ ᵉ) de rien de noble, ni de rien d'utile.

Un jour, *sortant* (² ⁱ ᵛ) d'une fête nocturne, il revenait chez lui aux premiers rayons de l'aurore; il voit que, malgré l'heure peu *avancée*, (⁴ ᵃ) la porte du philosophe Xénocrate est déjà *ouverte* (⁴ ᵉ). Son imagination est aussitôt *frappée* (⁴ ᶜ) d'une idée folle : Il veut être *amusé* (⁴ ᵉ) aux dépens du philosophe; la Sagesse va être *bravée* (⁴ ᶜ) jusque dans son sanctuaire.

Il avait la tête *couronnée* (⁴ ᵃ) de fleurs; les bras demi-nus, les yeux *chargés* (⁴ ᵃ) de sommeil, le teint *enflammé*. (⁴ ᵃ) En cet état, il va se placer sur les bancs *occupés* (⁴ ᵃ) déjà par une foule de jeunes disciples *recueillis* (⁴ ᵃ) à la parole du maître.

A sa vue, tous sont *indignés* (⁴ ᵉ)! Polémon va être *chassé* (⁴ ᵉ) de la salle.

Les disciples sont *arrêtés* (⁴ ᵉ) par un regard, un geste du maître. Un profond silence s'établit, et Xénocrate *interrompant* (² ᵃ) la leçon *commencée* (⁴ ᵃ), entreprend un discours *élevé* (⁴ ᵃ), *touchant* (² ᵉ) sur la modestie, la pureté de l'âme; sur le charme *donné* (⁴ ᵃ) par la vertu à la jeunesse.

Tandis qu'il parle, Polémon est *ému* (⁴ ᵉ); il perd peu à peu son audace et sa gaieté; son maintien devient *réservé* (⁴ ᵃ). Il rougit pour la première fois. Peu à peu ses yeux sont *baissés* (⁴ ᵉ), sa couronne de fleurs *détachée* (⁴ ᵉ), sa chlamyde de couleur *éclatante* (² ¹ ᵃᵈʲ·) *ramenée* (⁴ ᵃ) modestement autour de lui. Enfin son émotion est *trahie* (⁴ ᵉ) par ses larmes! La leçon avait *été* (⁸ ʸ) *suffisante* (² ¹ ᵃᵈʲ·).

A compter de ce jour, aucun des disciples de Xénocrate ne fut plus *attaché* (⁴ ᵉ) à ses leçons, ni aucun citoyen d'Athènes plus *estimé* ([4] e). Ainsi fut *ramené* ([4] e) à la vertu Polémon l'Athénien.

Les Grecs étaient *passionnés* ([4] e) pour les productions du génie. Les ouvrages des écrivains étaient *exposés* ([4] e) au jugement d'une assemblée nombreuse et solennelle. L'*Histoire* d'Hérodote fut *lue* ([4] e) ainsi pendant les jeux Olympiques. Cet *excellent* ([3] e) auteur fut *écouté* ([4] e) avec tant d'applaudissements, que les noms des neuf Muses furent *donnés* ([4] e) aux neuf livres dont son histoire est *composée* ([4] e). On criait partout sur le passage d'Hérodote : « Voilà celui par qui ont *été* ([8] y) dignement *écrites* ([4] e) nos actions, par qui ont *été* ([8] y) *célébrés* ([4] e) les glorieux avantages *remportés* ([4] a) sur les barbares. »

PARTICIPE PASSÉ
ACCOMPAGNÉ DE L'AUXILIAIRE AVOIR.

§ 5. — RÈGLES.

a Le participe passé accompagné de l'auxiliaire *avoir*, concourt à former un temps de verbe et est néanmoins susceptible d'accord, mais *jamais* avec le sujet du verbe qu'il aide à former : *Nous avons écrit.*

e Il s'accorde *toujours* avec le complément direct de ce même verbe, si le complément est devant le participe : *La lettre que nous avons écrite.*

Le complément direct précédant le participe est ordinairement l'un des pronoms personnels *me, te, se, nous, vous, le, la, les, l'*, ou le pronom relatif *que;* ces pronoms tiennent la place d'un mot qui leur communique le genre et le nombre, et qu'il est important de chercher avec soin : *Avez-vous reçu vos lettres? Je les ai reçues. Les* remplace *lettres.*

i Quand *l'* peut se tourner par *cela,* le participe ne s'accorde pas, c'est-à-dire se met au masculin singulier : *Vous recevrez des lettres, je vous l'ai dit.*

o De même il ne s'accorde pas quand le verbe n'a pas de complément direct, ou qu'il a un complément direct placé *après* le participe : *Nous avons écrit. — Nous avons écrit des lettres.*

Serment de Charles XII.

Charles XII, un jour dans l'ivresse, oublia le respect qu'il devait à la reine son aïeule. Sous le coup de la douleur qui l'avait *saisie* ([5e]), la reine avait *quitté* ([5o]) la salle et s'était *retirée* ([6a]) dans ses appartements. Le lendemain, comme elle n'avait point *paru* ([8a]), le roi demanda la cause de cette absence. *L'ayant* ([2o]) *apprise* ([5e]), il alla trouver son aïeule : « Madame, lui dit-il, je viens de savoir qu'hier j'ai *manqué* ([3a]) aux égards qui vous sont *dus* ([4e]) et que j'ai toujours *eus* ([5e]) pour vous. Je viens vous en demander pardon, et afin de ne plus tomber dans cette faute, je vous déclare que j'ai *bu* ([5o]) hier du vin pour la dernière fois de ma vie. »

Il a *tenu* ([5o]) parole. Depuis ce jour, il n'a *bu* ([5o]) que de l'eau et a *été* ([8y]) d'une tempérance qui n'a pas peu *contribué* ([8a]), avec l'exercice, à rendre son tempérament plus robuste. Jamais il ne s'est *plaint* ([6i]) que ses mets fussent peu *recherchés* ([4e]) ou mal *apprêtés* ([4a]). Après un repas frugal, *arrosé* ([4a]) d'eau pure, il faisait à cheval de longues courses. En campagne, il couchait sur de la paille *étendue* ([1a]) par terre, tête nue, sans draps, *roulé* ([4a]) dans son manteau. Lui et ceux qui ont *partagé* ([5o]) la même vie, ont *acquis* ([5o]) un tempérament de fer, que les fatigues les plus *violentes* ([3e]) n'ont point *abattu* ([5e]).

L'Absinthe.

Encore une victime de l'absinthe! Gustave H., âgé de 24 ans, avait *pris* ([5o]) l'habitude de l'absinthe. *Négligeant* ([2a] et [3e]) son travail, sa famille, ses amis, il ne vivait plus que pour la fatale passion à laquelle il avait *livré* ([5o]) sa vie et son âme même. Il était *tombé* ([4e]) dans un état de dégradation et de prostration tel, qu'il n'avait plus conscience de ses actes. Il augmentait chaque jour la dose du poison qu'il avait *adopté* ([5e]). Le nom de poison n'est pas encore assez fort pour désigner l'absinthe, puisque aux ravages plus lents, mais non moins irréparables qu'elle exerce sur le corps, comme le poison, il faut ajouter l'affaissement de l'intelligence et la prostration de la volonté, qu'elle enchaîne à jamais.

Le malheureux Gustave H., *épuisé* ([4a]), à 24 ans, ne trouvait déjà plus assez *excitante* ([2e]) l'absinthe à laquelle il avait, pour ainsi dire, *façonné* (⁵ᵒ) son estomac. Incapable de se rattacher à quoi que ce fût, il résolut de mettre fin à sa vie désormais sans but : après avoir *absorbé* (⁵ᵒ) une forte dose de chloroforme liquide, le misérable *déchu* (⁴ᵃ) s'étendit, dans sa mansarde, sur son lit solitaire.

Ses entrailles *imbibées* (⁴ᵃ) d'alcool, ne laissèrent agir que lentement le poison. Il resta deux jours et deux nuits à mourir, sans pouvoir même pousser une plainte que les voisins eussent *entendue* (⁵ᵉ). Le troisième jour seulement il mourut.

Que s'est-il *passé* (⁸ᵉ) dans cette âme *défaillante* (²ⁱ ᵃᵈʲ·) durant une si lente agonie ? La dernière lueur qui éclaire la pensée des *mourants* (²ⁱ ᵃᵈʲ·), lui a-t-elle *montré* (³ᵒ), d'une part Dieu qui allait lui demander compte de sa vie, de l'autre, l'usage qu'il en avait *fait* (⁵ᵉ)?

Réflexions des Anciens sur l'excès de la boisson.

Il est honteux d'avoir *pris* (⁵ᵒ) plus de nourriture et de vin qu'on ne saurait en porter sans trouble. Combien de choses les gens ivres n'ont-ils pas *faites* (⁵ᵉ), dont ils ont *rougi* (⁸ᵃ), quand l'ivresse a été *dissipée* (⁴ᵉ)! L'esprit n'est plus maître de lui quand le vin ou l'alcool le subjuguent. Les gens pleins de boissons *enivrantes* (²ᶜ) n'ont jamais plus *gardé* (⁵ᵒ) leurs secrets que leur manger ou leur boire. Ils ont toujours *découvert* (⁵ᵒ) leurs affaires et celles des autres.

L'ivresse n'est autre chose qu'une folie volontaire, un délire momentané. Elle avait *porté* (⁵ᵒ) Alexandre de Macédoine, dans un repas, à tuer Clitus, son plus cher et plus fidèle serviteur.

N'est-ce pas l'ivrognerie qui a *perdu* ([5o]) Marc Antoine, après l'avoir *soumis* ([5e]) à Cléopâtre? C'est l'ivrognerie qui, après lui avoir *mis* ([5o]) les armes à la main contre la république de Rome, l'avait *rendu* ([5e]) inférieur à ses ennemis, et si cruel, qu'au milieu des repas les plus somptueux, tout *gorgé* ([4e]) de vin qu'il était, il ne cessait d'être *altéré* ([4e]) de sang.

Car toujours la cruauté a *accompagné* ([5o]) l'ivresse.

PARTICIPE PASSÉ DES VERBES PRONOMINAUX

§ 6. — RÈGLES.

Ces verbes présentent une singularité remarquable: ils se conjuguent avec l'auxiliaire *être* ayant le sens actif de l'auxiliaire *avoir* : *Je me suis blessé,* signifie : *J'ai blessé moi.— Je me suis dit: J'ai dit à moi.*

a Cela bien compris, on se rend compte que le participe de ces verbes est soumis aux mêmes règles que celui qui est accompagné de l'auxiliaire *avoir.*

(§ 5). Il s'accorde quand le complément est placé avant lui, et ne s'accorde pas dans les autres cas.

e Les verbes essentiellement pronominaux, (excepté *s'arroger*), sont toujours considérés comme ayant pour complément direct leur deuxième pronom : *Nous nous sommes repentis.*

i On considère comme essentiellement pronominaux certains verbes qui prennent une différence de signification sous la forme accidentellement pronominale ; ainsi dans : *Nous doutons de leur parole,* le verbe *douter* n'a pas le même sens que dans : *Nous nous sommes doutés de la vérité.*

o Si le verbe pronominal a le sens passif, le participe s'accorde avec le sujet : *Cette maison s'est bâtie* pour : *Cette maison a été bâtie* (1).

Zénon et le roi de Macédoine.

Le plus souvent les hommes qui se sont *livrés* (⁶ᵃ) à de mauvais penchants, s'en sont *repentis* (⁶ᵉ) toute leur vie : heureux donc ceux qui, *s'étant* (²°) *abandonnés* (⁶ᵃ) à des actions *dégradantes* (²°), ont *eu* (⁵°) des amis qui les en ont *blâmés* (⁹°) pour les ramener au bien !

Le philosophe Zénon était fort *chéri* (⁴ᵉ) d'Antigone, roi de Macédoine, et reprenait avec beaucoup de liberté la passion que le prince avait toujours *eue* (⁵ᵉ) pour le vin. Un jour le monarque *étant* (²°) ivre s'approcha du sage, l'embrassa avec ces épanchements de cœur dont les ivrognes se sont toujours *montrés* (⁶ᵃ) prodigues et lui dit : « Mon cher Zénon, demande-moi toutes les grâces que tu voudras, je te les aurai bientôt *accordées* (⁵ᵉ). Nous

---

(1) Le cadre restreint de ce répertoire ne permet pas d'entrer dans les distinctions établies par les grammairiens souvent en désaccord entre eux. Il ne comporte que les règles fondamentales d'usage journalier, qui, du reste, suffisent à un esprit attentif pour résoudre toutes les difficultés des participes. Dans les verbes neutres conjugués avec *avoir*, et les verbes pronominaux formés des verbes neutres, le sens avertit toujours qu'il n'y a pas de complément direct possible.

nous sommes toujours *plu* (⁸ ᵃ) à nous témoigner notre mutuelle amitié. Je voudrais aujourd'hui ne pas te quitter avant de t'avoir *donné* (⁵ ᵒ) une nouvelle preuve de la mienne. —Je ne demande qu'une chose, répondit Zénon, c'est que vous alliez cuver votre vin. »

La majesté royale s'était *avilie* (⁶ ᵃ) en s'*oubliant* (² ᵃ). Le philosophe a *eu* (⁵ ᵒ) raison d'en faire souvenir le roi.

L'Homme à la barbe blanche.

Pendant les fêtes *nommées* (⁴ ᵃ) Panathénées, qui se sont toujours *célébrées* (⁶ ᵒ) avec solennité à Athènes, un vieillard respectable *étant* (² ᵒ) *allé* (⁴ ᵉ) chercher une place dans l'endroit où les Athéniens s'étaient *rangés* (⁶ ᵃ), les jeunes gens, après s'être *moqués* (⁶ ᵉ) de lui, le renvoyèrent avec mépris. Il se retira du côté des Lacédémoniens. Dès qu'il parut, ceux-ci s'*étant* (² ᵒ) *levés* (⁶ ᵃ) avec respect pour son âge et son caractère honorable, le firent asseoir au milieu d'eux.

Les Athéniens, *frappés* (⁴ ᵃ) de cette action, éclatèrent en applaudissements : « Hélas ! s'écrièrent alors quelques Lacédémoniens, qui s'étaient *aperçus* (⁶ ⁱ) du revirement *arrivé* (⁴ ᵃ) parmi les Athéniens, ce peuple connaît ce qui est bien, sans avoir le courage de le pratiquer ! »

Que se seraient *dit* (⁶ ᵃ) les Lacédémoniens s'ils avaient *su* (⁵ ᵒ) combien, 2,000 ans plus tard, nous serions peu *différents* (³ ᵉ) des Athéniens, malgré les exemples qu'ils nous ont *laissés* (⁵ ᵉ) ?

Piéges de l'ivresse.

- Il n'y a point de défaut que l'ivresse ne découvre et n'augmente. Elle chasse la honte qui se serait *opposée* (⁶ ᵃ) aux mauvais desseins. Quand une fois les boissons *enivrantes* (² ᵉ) se sont *emparées* (⁶ ᵉ) de l'âme, tout ce qu'elle contenait, tout ce qu'elle cachait de mauvais monte à la surface. C'est alors que l'homme est *soumis* (⁴ ᵉ) à l'empire des sens ; c'est alors que l'indiscret ne se défie plus de sa langue, que l'insolent se montre plus fier ; le cruel, plus *violent* (³ ᵉ) ; l'envieux, plus méchant. Tous les vices éclatent après s'être *démasqués* (⁶ ᵃ). Ajoutez à cela qu'on ne se connaît plus, qu'on ne parle qu'en *bégayant* (² ᵃ), qu'on a les pieds *chancelants* (² ⁱ adj.), la tête *embarrassée* (⁴ ᵃ), l'estomac *souffrant* (² ᵉ), quand l'alcool bout et tourmente les entrailles.

Quelle gloire y a-t-il à contenir beaucoup de vin ? après que des convives se sont *disputé* (⁶ ᵃ) la palme, se sont *surpassés* (⁶ ᵃ) dans ce noble exploit, quand ils se sont *entendu* (⁷ ᵃ) dire que personne ne peut porter autant de boisson qu'eux, ils se verront eux-mêmes *vaincus* (⁴ ᵃ) par un tonneau !

La Gloire des héros du verre.

Aristippe *voyant* (² ᵃ) des hommes qui s'étaient *glorifiés* (⁶ ᵃ) d'avoir *bu* (⁵ ᵒ) beaucoup sans s'être *enivrés* (⁶ ᵃ) : « Un mulet, dit-il, en fait autant ! »

Démosthène fit à peu près la même réponse aux députés qui avaient *été* (⁸ ʸ) *envoyés* (⁴ ᵉ) à Philippe de Macédoine, et qui, de retour à Athènes, rapportaient que le prince s'était *montré* (⁶ ᵃ) plein de talent pour bien boire : « Il a cela de commun, dit-il, avec une éponge. »

Anacharsis s'étonnait que les Grecs, dans un repas, après s'être *servis* (⁶ ⁱ) de petites coupes, en prissent de plus grandes, quand ils s'étaient déjà *rassasiés* (⁶ ᵃ); car il pensait qu'on ne doit boire que pour étancher sa soif, et qu'il y a de l'*extravagance* (³ ᵃ) à boire quand la soif s'est *éteinte* (⁶ ᵒ).

On demandait à ce philosophe comment les hommes se seraient *préservés* (⁶ ᵃ) de l'ivrognerie : « S'ils s'étaient *rappelé* (⁶ ᵃ), dit-il, les actions et les paroles indécentes des gens ivres, les dangers auxquels ils se sont *exposés* (⁶ ᵃ), ils se seraient *abstenus* (⁶ ᵉ) des excès, dans la crainte d'être comme eux. »

Les Lacédémoniens, pour inspirer aux enfants l'horreur de l'ivrognerie, faisaient paraître devant eux des esclaves qu'on avait *forcés* (⁷ ᶜ) de s'enivrer.

L'ivresse fait souvent payer, par un long repentir, un moment d'*extravagante* (³ ᵃ) gaieté.

PARTICIPE PASSÉ

SUIVI D'UN INFINITIF ATTACHÉ OU NON PAR UNE PRÉPOSITION.

§ 7. — RÈGLES.

Le participe passé suivi d'un infinitif attaché ou non par une préposition a pour complément ou cet infinitif, ou un mot placé devant lui.

a S'il a pour complément l'infinitif, il reste au masculin singulier : *La romance que j'ai entendu chanter*. J'ai entendu quoi ? Chanter la romance.

e S'il a pour complément direct un mot placé devant lui, il s'accorde avec ce mot : *La dame que j'ai entendue chanter*. J'ai entendu la dame qui chantait.

i Quelquefois l'infinitif est sous-entendu après les participes *dû, pu, voulu ;* il faut alors rétablir dans sa pensée l'infinitif sous-entendu, et appliquer la même règle : *Ils ont rendu les services qu'ils ont pu (rendre)*.

La Cruche d'anisette.

Un homme, pour ne pas dire un ivrogne, avait une *excellente* (3 e) cruche d'anisette, qu'il aurait *voulu* (7 a) se réserver.

Il la cachetait chaque fois qu'il y avait *puisé* (5 o), *persuadé* (4 e) que personne ne pourrait le tromper. Mais son valet, aussi ivrogne que lui et fripon, ce qui va souvent de pair, fit un trou sous la cruche. De cette manière, il pouvait boire la fine liqueur sans que la défiance du maître fût *excitée* (4 e). Mais un jour, s'étant (2 o) *laissé* (7 c) aller à absorber presque toute l'anisette que son maître avait *compté* (7 a) se réserver, il put à peine reboucher le trou, s'affaissa et resta *étendu* (4 a) à l'ombre de la cruche.

Le maître descendit à son tour et décacheta le vase *alléchant* (2 e). S'étant (2 o) *aperçu* (6 i), sans en pouvoir deviner la cause, que son anisette s'était *diminuée* (⁶ ᵒ), il appela un voisin, qui dit qu'on devait l'avoir *tirée* (⁵ ᵉ) par-dessous : « Vous vous trompez, reprit l'ivrogne, ce n'est pas en dessous qu'elle manque, c'est en dessus. »

Le voisin, moins *borné* (⁴ ᵃ), ou plus clairvoyant, *s'étant* (² ᵒ) *baissé* (⁶ ᵃ), découvrit le valet ivre-mort sous la cruche.

Le maître fut *bafoué* (⁴ ᵉ) pour sa sottise et son ivrognerie; le valet, *chassé* (⁴ ᵃ) et *emprisonné* (⁴ ᵃ) comme voleur.

L'Homicide involontaire.

L'ivrognerie peut conduire à tout, même au crime. En voici la preuve telle que je l'ai *entendu* (⁷ ᵉ) donner par un témoin :

Brunet, charretier, avait *reçu* (⁵ ᵒ) 40 francs, pour sa paie du mois. Sa fortune en poche, il s'était *hâté* (⁶ ᵃ) de rejoindre trois de ses camarades qu'il avait *vus* (⁷ ᵉ) entrer dans un cabaret, Gauffron, Rousselet et Léger. La journée entière fut *consacrée* (⁴ ᵉ) à la consommation des 40 francs. Le soir, lorsqu'ils eurent *quitté* (⁵ ᵒ) le cabaret, quiconque les eût *entendus* (⁷ ᵉ) chanter à tue-tête, aurait *compris* (⁵ ᵒ) qu'ils avaient *laissé* (⁵ ᵒ) leur raison *accrochée* (⁴ ᵃ) à la *séduisante* (² ᵉ) branche de houx qui les avait *attirés* (⁵ ᵉ) le matin.

Brunet, qui, à jeun, est d'un caractère *violent* (³ ᵉ), devient farouche et brutal quand il a *bu* (⁵ ᵒ). De plus, dans l'ivresse, il garde la rancune qu'il a *conçue* (⁵ ᵉ). Il en voulait sourdement aux amis mêmes qu'il s'était *empressé* (⁶ ᵉ) de rejoindre le

matin. La cause de son irritation était bien futile :
il était Normand ; ses trois camarades étaient
Auvergnats et parlaient entre eux un patois *décon-
certant* (2 e) pour lui. Chaque fois qu'il entendait ce
patois *irritant* (2 e), il se trouvait *offensé* (4 a).
Gauffron surtout, lui semblait particulièrement
insolent quand il s'en servait devant lui. C'était
donc Gauffron que menaçait surtout la vengeance
qu'il avait *résolu* (7 a) d'exercer. Il ne cessait de
l'appeler : « mulet d'Auvergnat. »

Le jour même dont nous parlons, après lui avoir
débité (5 o) toutes les injures qu'il avait *pu* (7 i), il s'était
jeté (6 a) sur lui. Léger et Rousselet s'étaient *hâtés* (6 a)
de s'interposer. Ils avaient *réussi* (5 o) à séparer les
deux *combattants* (2 e) et à contenir Brunet *altéré* (4 a)
de vengeance. Malgré les coups qu'ils s'étaient entre-
donnés (6 a), les quatre ivrognes avaient *repris* (5 o)
ensemble leur chemin. Brunet et Gauffron mar-
chaient côte à côte. Brunet, *aveuglé* (4 a) par l'i-
vresse et la colère, *voulant* (2 a) ressaisir la vengeance qu'il avait *vue* (7 e) lui échapper, était hideux
de rage.

Tout à coup, Rousselet et Léger, *restés* (4 a) un peu
en arrière, entendirent : « Il faut que je te tue ! » et
Gauffron tomba *terrassé* (4 a). Ils coururent aussi vite
que le permettait le poids de leurs jambes et réus-
sirent encore à écarter le monstre qui, aussi ivre de
férocité que de vin, allongea un dernier et formidable coup de ses énormes souliers *ferrés* (4 a) sur la
figure du misérable *étendu* (4 a) à ses pieds.

Le lendemain, on trouva sur la route le cadavre d'un homme *mort*(⁴ᵃ) : c'était celui de Gauffron.

Brunet fut *découvert*(⁴ᵉ) *blotti*(⁴ᵃ) sous un hangar, *dégrisé*(⁴ᵃ) et *pleurant*(²ᵃ) amèrement le meurtre qu'il avait *eu*(⁵ᵒ) le malheur de commettre. Il fut *remis*(⁴ᵉ) entre les mains de la justice.

Le Favori du roi.

Une histoire que j'ai *entendu*(⁷ᵃ) raconter renferme un précepte moral dont on peut assurément tirer parti. Voici cette histoire, qu'on a *pu*(⁷ᵃ) lire dans divers recueils :

Gustave, roi de Danemark, avait un favori. Celui-ci présenta au roi un homme *perdu*(⁴ᵃ) de boisson, le *priant*(²ᵃ) de lui accorder une place *importante*(²ⁱᵃᵈʲ·) qu'il avait *osé*(⁷ᵃ) demander, quoique parfaitement incapable de la remplir. Le monarque, *connaissant*(²ᵃ) la valeur et les habitudes *dégradantes*(²ᵉ) du sollici-teur, fut *étonné*(⁴ᵉ) de la recommandation qu'il avait *entendu*(⁵ᵒ) son favori lui adresser. Il pensa que ce favori pouvait bien n'être pas *désintéressé*(⁴ᵉ) dans l'affaire. « Les courtisans, se disait-il, ne sont pas toujours les amis *dévoués*(⁴ᵃ) qu'ils ont *semblé*(⁸ᵃ) être. »

Il prit secrètement des informations et découvrit qu'une grosse somme avait *été*(⁸ʸ) *promise*(⁴ᵉ) au favori pour le succès de la demande, et qu'alors celui-ci avait *fait*(⁵ᵒ) tous les efforts qu'il avait *pu*(⁷ⁱ) pour la gagner.

Il le fit venir et lui dit : « Pourquoi m'as-tu *demandé*(⁵ᵒ) une faveur que je n'aurais *pu*(⁷ᵃ) t'accorder sans remords ? L'appât de l'argent t'a *poussé*[5e] à commettre une injustice. Tu m'as *exposé*[5e] à mettre dans un poste *élevé*[4a] un homme incapable de l'occuper, puisque c'est un ivrogne ! Tu ne mérites pas la confiance que je t'ai *accordée*[5e]. » Le favori fut *banni*[4e] de la cour.

DANS CERTAINS CAS, LE PARTICIPE PASSÉ CONJUGUÉ AVEC avoir N'EST PAS SUCCEPTIBLE D'ACCORD.

§ 8. — RÈGLES.

a Le participe passé des verbes intransitifs conjugués avec *avoir* est *toujours* au masculin singulier, c'est-à-dire ne s'accorde pas, puisque ces verbes ne peuvent avoir un complément direct. Il en est de même dans le verbe pronominal formé d'un verbe intransitif (à moins que, sous cette transformation, il n'ait une signification modifiée) (§ 6). Ex. :

Les personnes qui nous ont nui ;
Elles se sont nui.
Mais on écrira :
Elles se sont doutées de notre intention (§ 6—i).

e Le participe passé des verbes unipersonnels est, pour la même raison, toujours sans accord : *les chaleurs qu'il a fait.*

i Le participe passé, entre deux *que*, ne varie pas quand il a pour complément direct la propo-

sition attachée par le 2ᵉ *que : Les observations que
j'ai cru que vous feriez* (1).

o Si le participe entre deux *que* a un complément
placé avant lui, il varie.

u Le participe *fait*, suivi d'un infinitif, ne s'accorde jamais. *Les réparations que j'ai fait faire.*

y Le participe *été* ne s'accorde jamais.

Frugalité de Caton.

Voici la comparaison que nous avons *appris* ([8 i])
que le philosophe Attale faisait souvent : On voit
quelquefois un chien, la gueule béante, recevoir des
morceaux de pain ou de chair *jetés* ([4 a]) par son
maître. Quand il les a *avalés* ([5 e]) gloutonnement,
il présente encore la gueule, dans l'espérance qu'il
a *conçue* ([8 o]) qu'on lui en jettera d'autres : c'est
ce qui arrive aux ivrognes.

A cette situation, que les hommes sobres n'ont
jamais *compris* ([8 i]) qu'on pût accepter, opposons,
entre mille autres, l'exemple de Caton l'Ancien. Cet
illustre personnage régissait l'Espagne sans autre
suite que trois esclaves qu'on avait *obtenu* ([8 i]) qu'il
conservât. Dans ses voyages sur mer, la nourriture
et le vin des matelots lui ont toujours *suffi* ([8 a]). Il
ne s'en est jamais *fatigué* ([6 a]), grâce à son heu-
reuse habitude de frugalité, qui lui a *laissé* ([5 o]) la
libre disposition de sa volonté puissante. Il s'était
accoutumé ([6 a]), dès sa jeunesse, à ne boire que de
l'eau *acidulée* ([4 a]) de vinaigre dans les grandes cha-

---

(1) On doit éviter cette tournure de phrase.

leurs, même pendant les expéditions militaires, et un peu de vin seulement quand il était *épuisé* (4°) de fatigue.

Dans toutes ses actions, il a toujours *eu* (5°) en vue le bien de sa patrie. C'est ce qui a *fait* (8u) dire à Sénèque :

« La naissance de Caton n'a pas *été* (8y) moins avantageuse au peuple romain que celle de Scipion ; l'un a *combattu* (5°) contre nos ennemis, l'autre contre nos vices, qui sont aussi nos ennemis, et même les plus *acharnés* (4a) à notre perte. »

Qui se ressemble s'assemble.

Mon ami, disait un père à son fils, rappelez-vous cette fable qu'Esope récitait aux jeunes gens peu soucieux du choix de leurs fréquentations :

Un laboureur chassait aux sauterelles dans son champ, qu'il avait récemment *fait* (8u) ensemencer. Une cigale étrangère aux sauterelles, mais *confondue* (4e) au milieu d'elles, protestait de son innocence et implorait sa miséricorde *disant* (2a) : « Bon laboureur, considérez la différence qu'il y a *eu* (8e) de tout temps entre les cigales inoffensives et les sauterelles *malfaisantes* (2i adj). Je ne vous ai pas *nui* (8a). — C'est possible, dit l'homme, mais pourquoi te trouves-tu parmi les sauterelles nuisibles à mes champs ? Qui se ressemble s'assemble. » En *disant* (2a) ces mots, il la tua.

Appliquez-vous à vous-mêmes cette fable, jeunes gens ; écoutez les réflexions qu'elle fait faire, et profitez-en.

Ne cherchez que des amis que vous n'ayez pas un jour à rougir d'avoir *eus* (⁵ᵉ).

PARTICIPE PASSÉ.

Après : 1° Un collectif et un mot sous sa dépendance.

    2° *Le peu.*

    3° *En* mis pour *de cela.*

§ 9. — RÈGLES.

a Le participe passé, après un collectif et un mot qui dépend du collectif, s'accorde ou avec le collectif ou avec le complément du collectif, selon que l'un ou l'autre frappe le plus l'esprit :

Je vois la quantité de poires que vous avez cueillies.

Je vois la quantité de poires que vous m'avez annoncée.

e Le participe passé, après l'expression *le peu* et un nom, s'accorde avec *le peu* s'il signifie *le manque.*

Le peu d'efforts que vous avez fait vous a empêché de réussir.

i Si *le peu* signifie la petite quantité, le participe s'accorde avec le mot dépendant de *le peu.*

Le peu d'efforts que vous avez faits vous ont rendu victorieux.

o Le participe passé, après le pronom *en* mis pour *de cela,* ne s'accorde pas, s'il n'a pas de complément direct et s'accorde s'il en a un placé avant lui.

Vous m'annoncez trois livres, j'en ai reçu deux.
J'ai vendu vos livres, voici la somme que j'en ai
tirée.

Les deux Buveurs.

Deux hommes inconnus l'un à l'autre, se sont *rencontrés* (6 a) par hasard dans une rue en *sortant* (2 i v) d'un cabaret. Ils étaient ivres. S'*étant* (2 o) *heurtés* (6 a) sans s'être *aperçus*, (6 a) en *titubant* (2 i v), sans doute, ils en vinrent aux mains. L'un d'eux, *doué* (4 a) d'une force herculéenne, a *renversé* (5 o) son adversaire d'un formidable coup de poing et l'a *étendu* (5 e) par terre comme une masse inerte. Dans sa chute, le malheureux s'est *brisé* (6 a) le crâne! Il est *mort* (4 c) en *arrivant* (2 i v) chez lui.

N'est-ce pas là un noble exploit pour le vainqueur et une belle mort pour le *vaincu* (4 a)?

Le peu d'attention qu'ils ont *apporté* (9 e) l'un et l'autre à conserver leur raison ne pouvait amener qu'un triste résultat.

Cyrus.

Astyage, roi des Mèdes, *surpris* (4 a) de ce que Cyrus, tout jeune qu'il était, et malgré la dextérité qu'il avait *fait* (8 u) paraître en *remplissant* (2 a) les fonctions d'échanson à la place de Sacas, n'eût cependant pas *commencé* (5 o), comme lui, par goûter le vin, lui en demanda la cause : « Je craignais, répondit Cyrus, qu'il ne fût *empoisonné* (4 e). Dernièrement, dans une fête, que tu avais *donnée* (5 e) pour célébrer l'anniversaire de ta naissance, je me suis *per-*

suadé (⁶ᵃ) que Sacas vous avait *versé* (⁵ᵒ) du poison. Vous étiez *chancelants* (2 i adj.) et d'esprit et de corps. Toutes les actions qu'on nous a *interdites* (⁵ᵉ) à nous enfants, vous les faisiez vous-mêmes. Vous criiez tous à la fois sans vous entendre les uns les autres. Vous chantiez d'une manière ridicule, et vous juriez que rien n'était plus beau. Enfin, lorsque vous vous êtes *levés* (⁶ᵃ) pour danser, bien loin de faire un pas en cadence, vous ne pouviez pas même vous soutenir sur vos jambes. Je me souvenais seul de ta majesté royale, que tes convives et toi vous sembliez avoir *oubliée* (⁵ᵉ). — Comment! dit Astyage, n'en arrive-t-il pas autant à ton père quand il a *bu* (⁵ᵒ)? — Jamais, répliqua Cyrus; quand il a *bu* (⁵ᵒ), il cesse d'avoir soif, voilà tout. »

L'Ame au tribunal.

Il faut tous les jours appeler l'âme à rendre compte. Ainsi faisait Sextius. La journée *terminée* (⁴ᵃ), en se *préparant* (²ᵃ) à se mettre au lit pour goûter le repos de la nuit, il interrogeait son âme : « De quel défaut t'es-tu aujourd'hui *guérie* (⁶ᵃ)? quels vices as-tu *combattus* (⁵ᵉ)? En quoi es-tu *devenue* (⁴ᶜ) meilleure? » Il récapitulait alors toutes ses actions; si la journée avait *été* (⁸ʸ) moins bonne qu'il ne l'aurait *souhaité* (⁵ⁱ), il regrettait le peu de vigilance qu'il avait *apporté* (⁹ᵉ) dans sa conduite; si au contraire il avait bien *agi* (⁸ᵃ): « Que je suis heureux, disait-il, du peu de bonnes actions que j'ai *faites* (⁹ⁱ), et de la victoire que j'ai *pu* (⁷ᵃ) remporter sur moi-même! »

Quoi de plus beau que cette habitude de faire l'enquête de la journée! C'est la marque d'un grand dessein de bien agir. Ce qui perd l'homme, c'est qu'il ne fait pas assez réflexion sur sa vie; nous pensons à ce que nous voulons exécuter, mais rarement à ce que nous avons *fait* ([5 e]).

Pourtant le conseil pour l'avenir doit sortir de l'examen du passé.

FIN

TABLE

IMPRIMERIE CENTRALE DES CHEMINS DE FER. — A. CHAIX ET CIE,
RUE BERGÈRE, 20, A PARIS. — 5672-4.